전형진 제3시집

그대 이름

도서출판 한글

自序

올해 들면서 호흡기 질환으로 반년을 고생하다가 어렵사리 헤어났습니다. 내 나이가 여덟 번째 아홉수에 걸려 있음을 친구들은 일깨워 주었습니다. 아홉수에 별세하신 집안 어른들이 많은 사실에 놀랐습니다.

거두어 놓은 시들을 다듬었습니다. 서둘러 세 번째 시집〔그대 이름〕을 내어놓게 되었습니다.

늦깎이 시인으로 금년에 한국문인협회 회원이 되었습니다. 자유문학에서 현재 활동 중인 330명의 시인들 작품을 모아 사화집(詞華集)〔천산에 모인 시인들〕을 펴냈습니다. 졸시 〈변색〉이 여기에 들게 되어 행복합니다.

주님 기뻐하시는 시를 얻어 잘 다듬을 수 있도록 하나님께서 이끌어 주시기를 아침마다 기도하면서, 호흡이 멎을 때까지 시 거두기와 시 다듬기를 지속할 것을 다짐합니다.

2016년 10월 30일

夢人 전형진

차 례

제 1부
꽃 바라기

가을 읽기

감나무가
전단을 뿌립니다

하나 집어 들고
가을을 읽습니다

떫은 이력
달콤한 이력
섞여 있습니다

고통 맛 거치지 않고는
단맛으로 갈 수 없다고

얼굴
붉힙니다

강한 자여! 그대 이름은 약자니라

갓 스물에 힘센 친구 P와
장군이야 멍군이야 하며 놀다가

내 귀상에게 P의 차가 잡혀 버렸다
물러달라 안 된다 실랑이 벌이다가

느닷없이
P가 장기판을 번쩍 들더니 내 얼굴에 엎어버렸다

잠시 침묵이 흐르는 중에
성령님이 내 입을 열고 내 혀를 운전하셨다

"친구야! 내가 잘못했다"

P는 고개 꺾고 눈물 흘리며 무릎을 꿇었다

공비토벌(共匪討伐)

산울림 한 줄기
팡! 팡! 팡!
총소리 한 줄기
팡! 팡! 팡!

어른들은 혀를 차며
하늘을 본다

새끼줄에
사람들을 엮어

저기 산 속 코발트 광산 굴로
끌고 가더니

그 많은 손들로 하늘을

산에 오르면
내 동갑 되는 나무들이 반깁니다

어린 나무를 데리고
나와 함께 백 년을 이야기합니다

소리 낼 필요 없습니다
숲 속에 앉아
호흡으로 눈으로 몸으로
말하고 듣습니다

아이들 가르치는 재미가 하늘만큼 좋다고
그 많은 손들로 하늘을 가리킵니다

그냥 품고

철새들 먼 길 떠날 때
나무는 덩달아 겨울 준비하며

멀리 남으로 갈 양으로
버릴 것 다 버렸다
발이 묶인 것도 잊고

막상 칼바람 닥치니
꼭꼭 가슴에 들여놓은 살림살이
그냥 품고 버틴다

그대 이름

농사 거둔 들판에 허허로이 선 그대
걸레 된 옷자락 흩날린다

하늘에서 부르는 그대 이름
가진 것 하나 없는 그대 이름

기다림

고추씨 뿌려놓고 기다린다
하얀 꽃 피어 또 기다린다
초록 애 고추 망울 보고도 기다린다

붉게 익은 고추 따
멍석에 널어놓고 기다린다

마른 고춧가루 엿기름에 버무려
고추장 담가놓고 기다린다

길마재 남쪽 기슭

길마재 남쪽 기슭
창문 두드려 오는 사계

봄
제 각각 삶을 외치기 시작한다
붉은 색 푸른 색 옅은 색 짙은 색
넓은 잎 좁은 잎

여름
벌레들 모으려 다투고 그늘 덮어
생존을 위협한다

가을
열매로 새들 다람쥐들 불러 인심 내고
색동옷 차려입고 축제 열어 내일은 없다는 듯
흥청거린다

겨울
다 버리고 발가벗은 몸 비로소 평등하다
길마재 남쪽 기슭

김삿갓

어려서부터
김삿갓 시를 읽으며 자라났습니다

부자들을 부러워했던 나는
가난함이 멋지다는 것도
세상을 거꾸로 읽는 법도 배웠습니다

난고(蘭皐) 김병연님
걸식하면서도 오만을 혼내주고

나그네 몸으로 불쌍한 자를 위로하고
대리 재판에서 명쾌하게 선악(善惡)을 가려주고
천재를 뽐내기도 하여

어린 마음은
즐겁고 통쾌하고 신이 났습니다

김안근의 아들
김익순의 손자
김익균의 아버지

영월군 김삿갓면에 묻혀 있는 김삿갓
멋쟁이십니다

요즈음
삿갓은 내가 쓰고 난고는 등을 밀며
빈털터리 둘이 함께 방랑하는 꿈을 꾸곤 합니다

꽃 바라기

해는
꽃이 바라는 곳으로 움직인다

꽃은
향기를 뿜어 벌 나비를 불러들이고

꽃은
찬란한 색을 풀어 사람들을 꼬여내다가

끝내는
얼굴조차 바꾸어 태양을 유혹한다

해는
꽃이 바라는 쪽으로 돌고 돈다

꽃밭

아파트 건물 모퉁이 지름길 난 화단
보기 사납더니

며칠 전부터
601호 여사장님이
괭이질 삽질 해가며 매일 가꾸더니
격조 높은 화단 일구었다

동네 영웅이라고 칭찬 자자하다
매실즙 대령 삼겹살 점심 대접
함께 거드는 이 여기저기 나선다

동네 인심 활짝 피고
사람들 얼굴 꽃밭이다

꿈섬(夢島)

1
한 평생 딴 길로만 갔던 77세 늦깎이 시인은
울타리가 싫어서 외딴섬으로 갔습니다

땅굴 집 출입문 말뚝에 꿈섬이라 썼습니다
세 명 토박이와 더불어 사랑 놀음하다가
어느새 찬송 기도 예배하며
천국을 꿈섬에 뿌렸습니다

2
차사고로 죽음에서 깨어나고도
왜 감사하는지 묻기에
두꺼운 벽 깨뜨려 주시어
영혼이 깨어났다고 했지요

바람에도 구름에도 눈비에도
얻어 듣지 못한 감동이라 하네요

제 2부

도시의 참새

나고야성 까마귀

나고야성 고목 숲
가지 끝마다 잘린 상처

까마귀들 앉아
까악까악 울어댄다

나고야 옛날이 그리워
까악까악
4백년 흥망을 울고 있다

나는 산골이 좋다

나는 산골이 좋다
깔끔하지 않고 때가 좀 끼어 있는
산골이 나는 좋다

울퉁불퉁 제멋대로 생긴 바위와
툭박지게 생긴 소나무 껍질 하며
매끈하지 않은 울타리와 얼기설기 엮은
삽짝 문이 나는 좋다

악보 없는 할머니 넋두리와
높낮이 없는 막걸리타령이 나는 좋다

매연도 속도도 없는 달구지 타고
오일장 가서 사탕 한 봉지 사들고 오는
산골이 나는 좋다

나무의 마음

그 많은 자식들을 한 해에 길러내어
품고 사랑하다가 선들바람 불면
어김없이 다 잃고 마는
나무의 마음
웃고 우는 것을 넘어 크고 높아라

자식 한둘 길러보고 힘들다 투정하는
사람의 마음
어쩌다 다치기라도 하면 낙담하는
사람의 마음이고 보면

나무의 마음 크고 높아라

농심(心農) 도심(都心)

아침 이슬 맺힐 때
시골집 울타리 밖
아지랑이로 피어나는

두엄 냄새
농심은 구수하다

은행 열매 떨어지는 가을
가로수 산책길에 밟히는

그 냄새
도심은 역겹다

도시의 참새

참새가 종로에 와서
노점 주변을 맴돌고 있다

시골집 추녀 밑에 둥지 틀고
탈영한 낟알 기웃거리다가

가지 끝 쪼그랑 홍시 쪼며
펑퍼짐한 농부 마음 날개에 달고

꼬부랑 할머니 마실 다니듯
골목길 나지막이 날고 나서

바지랑대에 앉아
한 도막 오늘을 종알대야 한다

아스팔트 위를 깡충거리는 참새
안개 속 내일일 뿐

다남동 봄소식

돼지우리 한 모서리 무너진 채
나생이 민들레 봄 인사한다

부지하세월 기다림 없는 얼룩소 맷돌질
무상무심(無想無心)

낯선 나그네
4월 초입 봄나들이
늙은 발길 나비가 앞서고 참새 귀 간질인다

아까시 군상들 헐벗은 몸인데
집채 서너 배 되는 휜칠한 산목련
이 봄 하늘 내리신 순백 새 두루마기 차려 입고
봄소식 선포하네

벚꽃 진달래 개나리 봄 봄 봄 소리에
나그네 황홀경에 빠졌다
계양산 발처 밭돼기에 털털이 황소 눈설다
낮닭 목청 꺾는 소리에 배꼽시계 맞장구질한다

대추 말리기

말라 가는 대추 쪼글쪼글한 이 밤에
얼굴 내 천자 수도 없이 그리고 우는 긴 긴 밤

돈뭉치

오리를 가자하면 십리를 가주어야지
꿈에서처럼 해보려고

은행 가서 한 달 쓸 돈 한 뭉치 찾아
책꽂이에 얹어놓고
아내가 달라 할 때 냉큼냉큼 집어준다

조금도 지체 없이 돈 주는 재미
달라는 돈 두 배를 주면 내 기쁨은 세제곱

돌탑

산길 모롱이 높은 돌탑
무심(無心)이 빙그레 웃는다

동굴

세상에 걸어 다니다
영혼이 떠나고 남은 거푸집
구멍마다 비어 있다

거기 동굴 속에 묘기 부리던 생기들
알맹이는 떠나고 허공에 흩어지는 조각 음소들

ㅂㅜㅎㅗㅏㄹ
ㅊㅓㄴㄴㄴㅕㄴ
ㄲㅜㅁ

디딜방아

할머니 방앗고 앞에 바짝 다가앉아 콩 먹이고
두 며느리 방아 디딘다

방앗고 솟구치는 틈새에
할머니 손이 콩을 뒤집어준다

두 며느리 오순도순
아이 기르는 이야기
소 개 돼지 밥 주는 이야기
닭이 알 낳아 병아리 깨는 이야기

한나절 일해도
힘 드는 줄 모른다

땀 구르는 곳

나 이제 가리라
가파른 고갯길 넘어 등짝에 땀 구르는 곳

흔들거리는 빌딩 마루에 욕망 털어놓고
나 이제 가리라 떡시루 엎어 쏟은 그곳
　　　　산
　　　　운무
　　　바람도
　　한 켜라네

새들 날개로 피워낸 꽃 잔치에
살며시 나그네로 가야지

옛 사람들 온몸 닳구어 살던 그곳
한 네 태 살 부비고 나서

베잠방이 흙냄새 배어들면
산 사람이라 할는지

땔감

x는 y다

x: 가시나무,　청솔가지,　갈비
——————————————————
y: 손금 본,　누워 땐,　불 담 좋

목 길게 늘이고

1
나는
허투루 보아 왔다

너른 들판에 흔하디흔한
돌림병과 씨름하다 한 해 살고 마는
고추나무들

2
어쩌다
베란다에 난 늦둥이 고추나무 두 그루

바람에 꺾일세라 햇살 가릴세라
창문 닫았다 열었다 하며
물주고 거름 주고

개미들 방목한 진딧물 부대에

우유 물 섞어 뿌린다

3
울산 여동생이 보낸
김장 고추 한 자루

검정 복면 첫서리가
몰래 인천에 놓고 가더니

하얗게 들통 났다네
오늘 새벽 대관령에서

4
베란다에는
푸른 고추 서른에 하얀 꽃 스물 뿐

배가 남산만한 막내며느리

십일 년이나 고추 기다리다
그제 소원 풀었으니

나도 목 늘이고 기다릴 참이다
길고 빨간 꿈을

제 3부

빙그레

반잔의 커피 향

목숨 뒤뚱거리며
위급(危急)에 묶인 몸

누림을 상실한 시간
입안 가득한 신고(辛苦)의 모래알

반쪽과 나누는 반잔의 커피 향
행복이 일러준 삶의 알맹이

백두산 천지

한이 서린 백두산 천지
중국 땅 밟고 두 번째 올랐다

종일 서파 1442 계단을 걸어
비 맞고 안개 속 헤매다
폭포도 천지도 캄캄했다

한 밤 자고나 다시 북파로 올라
막아놓은 사슬에 턱을 걸고 앉아
안개 걷히기를 기다린다

비구름 뒤덮어 보이는 건 안개뿐
기다리고 기다리다
마침내 손톱만큼 물이 보인다

파란 색 물이 점점 커지다
드디어 반쯤 천지가 드러났다

환성 환성 환성

건너편 언저리가 보이기 시작하고
팔 할이 드러났다
또
환성 환성 환성

그러나 잠깐 새 물안개가 솟아오르며
구름이 퍼지고 비가 왔다
아! 아!
아쉬운 한숨

비가 내렸다 캄캄해졌다
군중은 흩어져 내려갔다

백 마리 학

아내가 거실에서
아버지께 물려받은 솜이불을 펴놓고
호청을 꿰매고 있었습니다

두 아들과 며느리 그리고 우리 부부가 둘러앉아
비단 거죽에 수놓은 학이 몇 마리인지
맞추기로 시합을 했습니다

나는 백 마리라 했고
다들 나름대로 숫자를 말했습니다

세다가 틀리고 다시 세고……
젊은이들 학 세기는 어설프기 짝이 없어

내가 바둑알 백 개를 주고
일러주었습니다
"한 마리에 하나씩 얹어놓아라."

다 얹어 놓으니 딱 맞았습니다
탄성이 터졌습니다

장남 하는 말
"아버지는 신이십니다."

차남 하는 말
"존경합니다."

나는
선친께서 분양하신 백 마리 학과 더불어

밤마다
달고도 단꿈을 머금고 깊은 잠에 푹 빠집니다

볼 수 없는 하나님

바다는
한 그릇에 담겨진 한 덩어리 물

하늘은
이어져 있는 한 덩어리 공간

바다와 하늘은
하나님 손바닥 안에 있습니다

하나님을 보려면
눈이 하늘만큼 커야 합니다

바람과 벼락

나무는
바람과 씨름하며 자랍니다

자라다 쓰러지고 마는 나무도 있지만
굵은 허벅지 씨름선수로 서서
바람을 호령하는 거목은
수백 년 마을 수호신입니다

때로는 벼락이 기습해 와
나무를 쪼개기도 하고 넘어뜨리기도 합니다
아무리 굵은 허리로도 꼼짝없이 당합니다

그러나
벼락도 바람도 잠잠한 곳 나무들은
가느다란 허리로 몸을 세우나
암사슴 몸 비빔에도 나비춤을 춥니다

부활의 희망을 노래하자

이월 땅에
부산외대 신입생환영회 치르다
입춘강설로 지붕 무너져
생때같은 청년들 목숨 앗아가더니

삼월 하늘에
정체불명 무인기 수없이 날며

정신 차려라 청와대에 경고했는데

사월 바다에
미래 희망 젊은이들 삼백여 명
금쪽같은 외동이들 수장시켰다

온갖 비리가 담합하여
허수아비 선원들 시켜 꾸민 비극이어라

선진국 문턱에서 한반도 구석구석
알게 모르게 자라가던 온갖 선종들
곪아서 터지는 아픔이어라

이제 상처를 꿰매고
희생양들의 영혼께 올리는
부활의 희망을 노래하자

밤 한 톨

1
충청도 청양 산비탈
미끄러지기도 하고 찔리기도 하며

배낭에 가득
알밤 담아왔습니다

2
토실한 밤 한 톨
딱딱한 껍질 벗기고 떫은 속껍질도 벗기고

반쪽은 아내가 반쪽은 내가
오도독오도독 맛나게 먹고 있습니다

봄비

봄비가 내린다
보이지 않는 실오라기

옹달샘 얕은 물
바늘로 꼭 찍은 점들

동글동글 퍼져나가 간지럼 태우기에
금빛 은빛 잉어들 벙긋벙긋 웃는다

붉은 꿈

지는 해

빛은 노을 빛

숨 맞는 작별인사

솟음 기다림

붉은 꿈

빗금을 친다

흰 구름에 내 마음 얹어
산 넘고 강 건너 들판 거쳐 남으로 간다

고향 돌감나무에 눈이 걸린다
어릴 적 날리다 끊긴 연줄
느티나무 가지 끝 여태 빗금을 친다
할아버지 쇠스랑 돼지우리에 누워 있다

디딜방아 삐걱 쿵 소리
작은엄마 디디고 선 발이 보인다

빙그레

세상 구석구석 쥐구멍까지
안 들여다본 곳 없다고

그래서
해는 얼굴이 빙그레 웃나 보다

사람들
잘난 이야기 듣고는

해가
빙그레 웃나 보다

제 4부

신륵사 저녁놀

산을 싣고

정선 깊은 산골 구절리에서
해 뜰 녘
산을 가득 싣고 인천으로 달려왔다

해는 중천에 있고 산은 간데없다
구름만 하늘에 가득하다

산중 협상

내 키만 한 소나무 마주하여
이십 년 전 탁월한 협상 해냈습니다

나무는 내 허파에 바람을 채워주고
나는 나무 세포에 바람을 채워줍니다

새로운 지구

쬐끄만 몸뚱이지만
지구를 빚어내는 엄청난 끈기로

소 말 양들이
가책 없이 내려놓은 폐기물을
으슥한 공장으로 굴려가서
저만의 지구를 꾸며 놓고
생명을 실험하고

등치 큰 것들에겐
가당치도 않은 음모를
소리 없이 꿍꿍이 한다

순백 시 거두기

1

첫눈을 맞으며
창조주 기르신 시를 거두러 나선다

팬서 호수 위 백조 한 쌍이
주고받는 노래들

둥실 떠도는 잎사귀들과
물결들의 춤사위들

깊은 물속을 쳐다보는
벌거숭이 나무 하나
가장 슬픈 붉은 얼굴로
부러진 외팔 늘어뜨리고……

2
키다리 나무들 몸통을 엮어
숲은 무수한 기둥들 받쳐놓고

북풍이 초록 머리 흔들어
순백으로 묻어버린 침입자

신륵사 저녁놀

오월 허리춤 해 질 녘
신륵사 경내를 거닌다

아늑한 온기
가지런한 소나무 숲 피톤치드
온몸에 함초롬히 스며든다

강나루 옛 사공 사라지고
세월이 쓰다듬어 쓰다듬어 석탑 귀퉁이 둥글하다

우람한 은행나무 몸통에 귀 붙여
천 년 역사 들려 달라 응석을 부려 본다

절 언저리 강가 정자 난간에 앉아
세월이 새겨 놓은 기둥 틈 사이사이
옛 한량들 주고받던 풍류 읽히려나
눈을 감는다

강물이 천 년을 조잘대지만
귀 어둔 시인은 그리움만 더해질 뿐

신륵사 저녁놀 붉은 병풍에
오늘 혼적을 그린다

옛 사람들 읊조리던 시 구절
고탑 앞 향로 꼬불한 내음
하늘 오르려 하나 시나브로 흩어진다

옛사람들 듣던 목탁소리
귓가에 맴을 돈다

시간이 만지고 간다

시간이 가는 법은
물가는 길보다 비단결보다 곱다
가만하다

상처투성이 몸으로 울부짖어도
백수(白壽) 축제에 춤추며 활짝 웃는 아우성에도

시간은
곱게 고요하게 간다

시간이 만지고 간 흔적
어제 상처가 오늘 조그맣게 되고
아파 울부짖던 입이 빙그레 웃는다

시간은 세상 모든 것을
만지고 간다

씨 뿌리는 노인

넓은 들판에 오직 한 사람
긴 그림자 끌고 간다

허리 구부정한 노인
긴 이랑 따라 씨앗을 뿌린다

마음 오직 한 곳에 모아 눈이 겨냥하고
손가락 사이를 맞춤하게 벌려 씨를 흘려 갈 때
발걸음 흐트러짐이 없다

조화롭다
이마에 깊은 이랑이

해는 많이 기울었다
남은 길은 짧고

어른이 된다

아이는 멋모르고
거친 산 들 내를 뛰어 다닌다

모낼 때 종아리 피 빠는 거머리는
발랑 뒤집어야 죽고
뱀은 머리를 때려야 죽고

도깨비바늘은 아랫도리에 다닥다닥 붙어
씨를 옮기고
산딸기는 유월 산에 가야 먹는다

그렇게 그렇게
강산이 열 바퀴 돌면 강아지는 노구가 되고
스무 바퀴 돌면
사과나무가 늙어 씨알이 잘아지고
송아지가 눈 껌벅껌벅하는 중노배가 되고

비로소
아이가 어른이 되지만

은하수 꼬리가 입에 물리면 햅쌀을 먹는다는
할머니 말씀은 알 듯 말 듯하다

어깨 처진 장마

가물에 목 타다
칠월 끝자락
어깨 처진 빗방울이
우산 속으로 날아든다

이름 붙이기도 서먹한 장맛비 부스러기
그나마 이마가 시원하다

시 짓는 농부처럼
빗속 산책길에 외로움과 철학을 다투다가

텅 빈 대학 운동장 훈화 던지는 곳에
소리 없는 연설 한 자락

축구장 바닥 움켜잡은 새파란 아우성
눈초리만 반들거린다

억새 벌

계양산 한 줄기 흘러
길마재 발처 억새 벌
몽고 말 풀 뜯던 고을

백마장 이십 리 길 끌고 가
말 팔고 오는 길
주막에 들러 거나하게 마시고

갈 짓자 걸음으로 콧노래 양산도
싸리문 마중 나온 아내 코밑에
지푸라기 코 꿰인 고등어 한 손 내민다

억억 조조 경경경

365일 뜨는 해
나누어준 금싸라기 빛

그 줄기
나누어 먹고 맺은 씨알들
그 얼마?

내가 아는 숫자가 모자라
울고 싶어라

천 만
억억 조조
경경경……

오석(烏石)

매끈한 검은 돌 하나
고인이 된 친구 손 거쳐
탁자에 앉아
얽힌 우정을 말한다

모난 돌이
천 년 세월에
둥글어졌기에
저기 앉아
옛날이야기하고 있다

올해도 뱀띠

박 노인은
신사 년 단양 첩첩 산골에서 태어나
영월에서 많이 살았다

늘그막에 인천에 와 사는 노인은
나이는 다 먹어버렸고 띠만 남았다
작년에도 뱀띠 올해도 뱀띠

해마다 먹는 나이가
커졌는지 작아졌는지
나한테 묻는다

제5부
주산지

제 걸음

새봄 연두색 나뭇잎이
수줍은 모습으로 뾰족 나오더니
바람에 시달리기 무섭게 초록이 짙어진다

보리밭 머리에 방금 떨구어진 송아지는
어미가 물기를 핥아주기 무섭게
일어서다 넘어지다 하더니

어느새
제 걸음을 걷는다

잘 늙어 간다네

도화동 177번지 본관 707호실
1986년 초여름 밤

자네는 총학생회 기획부장
나는 학과장으로
일했었지

그 밤에
자네 일에 충실하다 늦은 밤
까만 건물에 오직 한 곳뿐인
불 켜진 창을 두드렸었지

우리는 우리의 일에 충실했지
평등을 좋아하는 너와 나였기에
나의 존대하는 말투를 자네는 사양했었지

그 밤은

오래 기억되는 밤이었다네
알몸으로 너와 나
속 드러내며 나눈 이야기들
30년 지난 지금도 기억한다네

그대들은
6.29 선언을 이끌어내었고
민주화의 길을 열었다네

나는 덕택에 정년을 마치고 잘 늙어간다네
자네의 빡빡 깎은 머리를 기억하면서

재미

사육신 묘 건너편 식당들
노인 입장 거부가
재미있고

산책길에서 컹컹 짖어대는
송아지만한 개소리가
재미있고

북한 핵에 대비하는 사드가
재미있고
사드설치 반대하는 떼거지 운동이
더 재미있다

병자호란 임진왜란 일제강점
한국전쟁 남북대결 열강패권

강대국 장기판이 재미있고

지도에서 사라졌다 되살아난 한국이
참 재미있다

지구에서 다시 사라지려는 한국이
재미가 날 예정이지만

고모부를 처형한 어린 김가가
거꾸러지는 일정표가
정말 재미날 것이다

종로 뒷골목

종로 뒷골목을 거닐면
좁다란 어깨도 마주칠 땐 몸을 비틀어야 한다

학생들 혁명 외치며 물러가라 외치며
최루탄에 쫓겨 달려가던 발소리 아직도 들린다

온종일 햇살 구경 못하는 그늘진 곳
조막손만한 구석에
도장 파는 사람 구두 고치는 사람

밑져야 본전인 사람 비럭질하는 사람은
휘황찬란한 곳으로 간다

그늘이 항존(恒存)하는 이곳에는
구더기나 곰팡이가 살기 맞춤한데
밝은 종로 손톱만한 땅인들
벌레 같은 인간들에게 발 디딜 짬이 없다

어느 조상이 몹쓸 죄를 지었는가
가뭄에 시달리다 무작정 상경했는가
이마가 좁다고
장터 관상쟁이가 객지로 가라했는가

종로 뒷골목은
육백년 내내 그늘이 산다

조탁동시(彫琢同時)

봄에 나팔꽃 씨 심어놓고
기다리다 지쳤다

두껍고 단단한 껍질 깨고 나오기가
얼마나 힘들 것인가

가을에 씨받아
손톱깎이로 한 번 쪼아 화분에 심었다

닷새 만에
싱싱한 싹이 솟았다

주 : 조탁동시(彫琢同時)란 '병아리가 알에서 깰 때 안에서는 병아리
　　가 쪼고(彫), 밖에서는 어미 닭이 쪼(琢)는 것'을 말한다.

주름살

천년만년 늠름한 얼굴
바위도 주름살이 있다

비
바람
해

천년만년 쉬지 않고 새겨놓은
주름살이 있다

주산지

가을 안개가 엷게 피어나고
주산지 명경 알 같은 물 위에 해가 미소 지으며
살며시 빛살을 흩뿌린다

미풍이 가볍게 게으름에 겨운 운무를
한 올 한 올 풀어 갈기를 세며 지나간다

맑은 물에 비취는
산천이 오색이 찬연하다

겨우 다가온 엷은 단풍이
물 위에도 물 밑에도 마주보며
이를 살짝 드러내어
노란 그리고 불그레한 입술 가에 미소를 떨군다

늙은 나무들이 막 물속에서 나와
무자맥질 털고 숨을 고르며

안개를 목에 걸고 서서

뚱단지 죽은 몸뚱어리에
가느다란 가지들이 매달려 대 잇기를 하느라
애처로운 잎들을 하늘하늘 가늘게 내뱉는다

집

자고 먹고 놀고 살아가는 곳
멀리 떠나 사흘만 지나면 집이 그리워진다

여행을 떠날 때는 들뜬 마음에
집을 뒤로 하고 마음 앞 세워
잰 걸음으로 나간다

별이 주렁주렁 한 숙소에 두 밤만 자고나면
내 살 냄새 짙은 방이 그리워진다

빵 냄새 가득한 식탁에 앉으면
늘 밥 먹는 자리 내 맘과 몸 편한
그 자리 그리워진다

돌아오면 포근하게 반기는 내 집
내 사랑이여!

찻잔

내가 빚어 구워낸 찻잔은
손잡이가 삼십도 기울었다

두시 방향으로 비스듬하면
차를 마실 때 손목이 편하다

친구들은
기울었다는 것이 눈에 거슬려
이상하다고만 탓한다

습관은
천성이라 더니

창가에서

1
휠체어에 앉아
창밖을 본다

신기하다
순댓국 집 네온 간판이 춤을 춘다

골목 이마 전자판에
색동옷 입은 가나다라가 줄을 서서 간다

공사장 높다란 크레인이 짐 덩이를 올려
길게 끌고 간다

2
신기하다
아침이 훤히 밝는 것도 캄캄해지는 저녁놀도
간밤 하늘이 내리신 새하얀 홑이불

학교 운동장 한쪽 구석만 접혀 있다

빗자루 든 노인이
이리 저리 서성거린다

천사가 나르는 향기

하늘로 가는 향기는
하나님 좋아하시는 기도

욕심 가득한 기도엔
마귀가 잔치를 벌입니다

천사가 하늘로
옥합에 담아 나르는 향기는

하나님 찬양하고
이웃 사랑 듬뿍하고
생명을 살리는 기도입니다

초가지붕

백년 첩첩한 초가지붕 품속엔
공포 애정 혐오가 살았습니다

구렁이가 터지기이고
겨울에는 참새들의 안식처이고
봄날에는 굼벵이들의 요람입니다

한가위에 그 지붕 밑에서 태어난 나는
그런 식구들과 어울려 살면서
잔뼈가 굵어졌습니다

초록 축제

초록 물감 짙고 옅은 가락
한 산 가득
나무들 무리무리 춤을 춘다

태평양 어르던 솜씨
바람이 휘젓는 가락 품에 안고
온산이 흥청거린다

나무들 한껏 팔을 늘려
하늘로 축제 올린다

제 6부

그루터기

하늘공원

타향살이
삼십 년

천만이 버린
온갖 잡동사니

갈대도 운다
억새도 운다

제 고향
그리워

하늘 그림

하늘은
거대한 화폭

푸른 바탕에 검정을 덧칠하고
달 그리고 나서 별을 밤새도록 그린다

새벽에 다 지우고
덩실하게 해를 그린다

노랗게 익어 눈 시리기 전에
붉은색 얼른 칠한다

하얀 향기 내뿜는 소리

창이 벽을 다 차지한
13층에서 내다본다

길마재가 둘러쳐진 넘어
가운데 계양산 관제탑이 좌정하고

왼쪽으로 효성초등학교 하얀 건물
조금 가까이에는
노랑 유치원 버스가 보인다

조금더 가까이에는
이촌근린공원 한 뼘 보이고
더 가까이에는
산에 도토리나무 숲이 울창하다

오른쪽에는
가까이 길마재 꺾인 그대로
아까시 나무숲이
향기를 하얗게 내뿜는 소리가 진동한다

한반도는 언제 다 밝으랴

내 왼쪽 엄지발가락이 구르는 돌에 맞았다
반년 만에
검정을 밀어올리고 새 발톱이 절반이나 자랐다

산사태에 굴러 내린 바위들 열방에 맞아
피멍든 한반도 모양이다

육이오 전쟁 중에
한반도는 온통 검어졌다가 밀고 올라가서
지금 내 발톱 모양으로 굳어져 버렸다
절반은 검고 절반은 밝다

반년 더 세월이 가면
내 발톱은 통일이 될 것이다

반세기하고도 십년을 두고
칠천만이 통일을 노래했다

한반도는 언제 다 밝으랴
아태지역 산사태는 또 무수한 바위를 굴리는데

할머니 물레질

한겨울 긴긴 밤
할머니 물레 소리 들으며
잠들던 아이가

할머니만큼 늙어도
저승에서 물레를 잣는지

간밤에 실타래 길게 풀어
내 귀를 간지르셨다

허리띠 풀린 한반도 노래

안성향교 들목에
거목 하나 서 있다

공자 말씀 배우고 벼슬길 오르던 선비들
이 길을 오가며 이 나무처럼 되리라
다짐하던 늠름했던 나문데

지금은
아이들 강아지들
오줌 갈기고 지나간다

잎은커녕 가지마저 북풍에 꺾여
몸통뿐이다

벼락 맞고 속 썩고 껍데기 벗은 나무는
허울만 서서

바람이 걸어 준 입으로
허리띠 풀린 한반도 노래 흘린다

줄을 서서

오늘 아침 출근시간
전철역 승강장 사람들로 가득하다

침묵 속에 가지런히 줄서 있는 사람들
그 그림이 안개 걷힌 아침이듯 한층 선명하다

지난달 세월호 침몰로 수백 명 생명 앗아간
그 희생 새기며

말없이 줄을 서서
눈을 감고 기도드린다

시작 노트: 작은 질서라도 생활 속에서 실천하며 사회적으로 일반
화하면 낭패를 막을 수 있을 것이다. 시민 마음속에 선진국이 있다.
기도가 포함하는 것들 : 1. 회개 2. 다짐 3. 간구(소망) 4. 감사

그루터기

늘 오르던 산기슭에서
오늘 유심히 나무 그루터기를 바라본다

내 친구들
아니 내가 모르는 내 또래들인들
저 그루터기 나무등치를
무심히 바라볼 수 있을까?

전쟁, 혁명, 사변, 동란, 개혁의 이름으로
우리는 저 그루터기 나무처럼
잘리고, 찢기고, 동강나고, 짓밟히고
그을리고 나서

저렇게 꼴사나운 모습으로
납작하게 무릎 꿇고 있는 거다
오직 하늘만 올려다보며

저자 : 이 시는 2015년 6월 19일 자 [한국NGO신문] 〈NGO 시마을〉에 실렸습니다. 아래는 함께 실린 안재찬 시인의 평설입니다.

올해는 광복70년. 해방 이후로 독재화, 산업화, 민주화를 거쳐 여기까지 왔다. 우리는 수많은 땀과 눈물 그리고 피를 흘리며 이 나라를 반석 위에 올려놓았다. 그럼에도 분단국가로서 철없는 아이처럼 남과 북은 기 싸움으로 타협을 모르고 으르렁거린다. 가난을 지워버린 우리는 계층간, 세대간, 지역간, 이념간 갈등으로 영일이 없다. 잘리고 찢기고 동강나고 짓밟히고 그을리고, 이 나라 이 겨레의 가슴앓이를 시인은 탄식하고 있는 것이다. 이 땅은 외세로부터 허리가 잘려버려 분단 70년 그루터기로 존재한다. 우리는 한때 정치적 야망 때문에 군부 권력의 명을 받들어 나라를 지켜야 할 일부 군인들이 무고한 민주시민을 총질한 서러운 이야기를 가슴 깊숙이 모두고 있다. 이 슬픈 그루터기는 뿌리가 한 가닥 살아 있어 생명으로 자라나 역사를 고발하기도 한다. 타의에 의하여 무참히 짓밟힌 한생의 목숨 그 원혼의 그루터기는 무엇으로 부활의 꿈을 꿀 수 있을까. 시인은 산기슭에서 제 명에 살지 못하고 모가지가 달아난 나무 그루터기를 측은지심의 눈으로 바라본다. 자연을 거스르는, 순리에 역행하는 인간의 탐욕에 가슴을 치며 하늘을 우러르고 있다. 시인은 자연을 통하여 전지전능한 신에게 합장하고 있는 것이다. 한 줄 시구절로 영혼이 시들은 어두운 시대를 목 놓아 우는 시인. 이 가슴 뜨거운 시인이 존재하는 한 죽은 줄 알았던 갖가지 그루터기에서 움을 틔우고 그늘을 만들어 청청한 하늘 아래서 쉼을 부려놓게 해줄 것이다./ 안재찬 시인

바람이 하고픈 말

바람은
제 스스로는 목청이 없어

나뭇가지를 흔들고
구름을 띄운다

하고 싶은 말이 많아서
모래를 흩날리다가

몽골에서 황사를 실어오고
베이징에서 미세먼지를 끌어 온다

시작 노트: 우리의 부실함이 아직 누구도 해결책을 내지 못하는 것 안타깝습니다. 얼마나 답답하면 바람이 이렇게 몸부림칠까요? 한반도 하늘에 호흡에 해로운 오염물질이 자체 생산하고, 몽골에서도 사막 황사가 날아오고, 중국 공장에서도 날아와서 괴롭히지만, 해결책은 보이지 않아서…….

소담교

늘 아내와 손잡고 거닐던
길마재 오솔길

큰마음 먹고
영차 하며 뛰어 건너던
여울목에 아담한 나무다리가
새로 놓였다

아내는 건널 때마다
예쁘다 하더니
소담교라 이름 지었다

소담교는 내가 세면 열 걸음
아내가 세면 열한 걸음

시작 노트: 이 오솔길은 우리 부부가 늘 걷는 등산길입니다. 재작년
(2013년)에는 이 길을 걷다가 겨울 초입에 나뭇잎이 쌓여 밟고 지나
다가 얻은 시가 〈변색〉입니다. 작년 말에 구청에서 이 길을 다듬어주
었습니다. 아내는 이 길이 좋다며 일부러 이 길을 자주 갑니다. 아내
의 호가 소담입니다. 아내가 지은 다리 이름도……

1010

71년 전
8월 6일 히로시마 14만 명 사망
8월 10일 나가사끼 7만 명 사망

원자폭탄 불러들여
자폭한 덴노헤이카

위로 방문인가
경고 방문인가

조선인 사망자 4만 명
1010(잊지 마루 잊지 마루)

시작 노트: 오바마 미국 대통령이 2016년 일본 방문 때 히로시마 방문을 계기로 지은 시

고독이 빚은 틈새만큼에서

한나절이면
십자가 삿갓 쓰고 온다

그리움은 한 폭 추상화로 품속에 있다
시를 추구하면서도 아직 이루지 못한 꿈
버리자! 비우자! 다짐 다짐했건만

가을 아침 한 가닥 바람 가슴에 스밀 때
시름에 젖어든다

간절함이 흐르는 가슴
중얼거리고 싶다

고독이 빚은 틈새만큼에서
가슴 헤집어놓고

시작 노트 : 십자가 삿갓 쓰면 팔십 세

신통수(神通水)*

코발트 폐광 굴속에
사상이 붉다고 처형된
시체들 무더기

그 피 땅속에 흘러
샘물에 붉은 사상 녹아들어
맑은 신통수

밥으로 국으로
내 몸에 이십 년 흘러들어
한 줄 시가 흐른다

피는 맑아도
신통수가 된다

전쟁이 노리는 것이 피다
땅을 파먹는 사람들은 영문을 알 수 없어

하늘에 대고 손바닥을 비비고
원통해서 땅을 치고 가슴을 친다

꼬인 하늘은 피를 강처럼 흘려야
마음이 풀리는 사연을
땅속에 들어갈 때까지 알 수가 없다

* 신통수(神通水) : 원효대사가 마시고 깨달음에 이른 해골에 담긴
　　　　　　　물

먼 산 나무 다니던 시절

1
휴전 결사반대 외치던 시절
까까머리 중학생이 겨울방학 내내
왕복 삼십 리 먼 산 나무 다니던 시절

할아버지 분부대로
꼭두새벽 숫돌에 낫 갈 때
날에 엄지 스쳐보고
까끌하면 날 넘은 것
날카 매끈하면 날 잘 선 것

도시락이랑 낫이랑 갈퀴 지게에 달고
동네 머슴들 따라 나선다

산에 올라 멀찍멀찍 터 잡고
마른 억새 낫으로 베어 눕히고 나서
갈퀴질로 끌어 모은다

허리 펴고 쉴 참
멀리 산허리에
노루 가족 줄지어 달려가다
멈추어 섰다 또 달린다

시장기 돌 쯤
양지바른 곳 찾아 점심 먹는다
일하고 더워진 몸 추위도 모르고
마른 밥도 꿀맛이다

2
비탈진 곳 지게 비스듬히 눕혀놓고
칡넝쿨로 묶어놓은 땔감 둥치 굴려
지게에 얹어 야물게 묶는다

뒤쪽에서 온몸으로 지게 세우고
지게작대기 고여 놓고

앞쪽으로 가서 작대기 옮겨 받친다

야호! 소리 질러 동료들 불러 모아
버겁게 지고 비탈로 하산한다

한참 내려와 개울가에 받쳐놓고
엉덩이 하늘로 솟구치며
개울물 들이켠다

3
할아버지 입
함지박 만하시다

겨우내 쌓아올린
나무 삐까리* 보시고

* 삐까리 : 많이 쌓아 놓은 낟가리의 경상도 방언

신호등

빨간 등 켜면
아무도 가지 못한다

파란 등 켜면
멈추었던 사람들
누구나 길을 간다

세상에 제일 높은 사람인들
신호등만큼 엄하랴

시작 노트 : 국민들, 공무원들, 공직자들 모두 신호등처럼 질서를 지
키면 좋겠어요.

제 7부

핵무기 장난감 시대

결혼 50년

한겨울에 침 뱉으면 얼음이 되는
만주 벌판 봉산(봉천)

영(英)!
그대는 어쩌다 거기서 태어났는지
너무 얽히고설켜 말로 다 할 수 없으리

나라가 지도에서 사라지고
왜놈들이 황야로 몰고 가
피땀으로 개간한 땅
그 아픔의 결실을 두고
열강 등쌀에 서해를 건너 왔으나
철산 부모님 고향은
휴전선에 막혀 멀고도 멀지요

전쟁으로 헝클어진 민족
뒤섞이다가 죽고 남은 사람 중에

그대는 용케도 서울에 살며
따스한 남쪽 사람 형(亨)을 만났지요

그게 벌써 50년
2남 1녀에
친손 넷 외손 셋
고루고루 남자 넷 여자 셋 주신
하나님 고맙습니다

지금
가문에서 산봉우리에 앉은 우리
귀 눈 어둡고 허리 어깨 결리지만
한 고비만 남았지요
이제

그 많은 사연
극한 가난에서 참 풍요까지

124 그대 이름

고루 살아온 우리
참 운이 좋은 사람이지요

밋밋하게 사는 거 싱거울 터인데
험한 태산을 훌쩍 넘어 땀 흘린 보람
하늘이 주신 복이라오

탈피

가을 초입에
나팔꽃 떨어지는 모습

보라색 아침을 불던 나팔
보름 만에 분홍 입술 오므리고
꽃은 오그라든다

오늘 아침의 탈피

허물 속에 밀고 나온
씨알이 당차다

앞선 것은
뒤에서 밀고 오는 새롬에
추락하고 만다

무궁화 꽃으로

원자력 연구원
무궁화 꽃으로 살던 친구야!

잘 꾸며 놓은 정원 원두막에서
어릴 적 생각하며
바둑을 즐기던 너와 나
이젠 추억이 되고 말았구나

십 년 투석으로 연명하다가
기어이 세상을 등지다니
난들 남은 날이 얼마나 되랴
먼저 갔으니 터 잘 잡아라

계란 아버지 웃통 벗고 도망가는 이야기
또 한 번 하고 웃자

하늘

어릴 때부터 하늘은 알 수 없는 곳
여덟 살 이갈이 할 때 어머니 가신 곳

할머니는
내 흔들거리는 이를
무명실로 묶어 문고리에 매고
문을 활짝 열어젖히고
빠진 이를 초가지붕에 던지셨다

하늘에서
무언가 내게 행운을 줄 것이라고

하늘에서
까마귀가 울고 까치가 울고

우르릉대는 하늘 소리에 귀를 막고

하늘을 쪼개는 불줄기에 이불을 뒤집어쓴다

하늘은
맑은 날에는 아무 것도 없는 빈곳이지만

하늘은
너무 큰 능력이 되어 나는 겁을 먹고 산다

내가 엎어질 때
하늘을 우러러 눈물을 흘린다

하늘에는
어머니가 계시고 내가 갈 곳이기에

마음 속 숲

80 년 가꾼
내 마음 속 숲에서
아름다운 노래를 듣는다

새들 벌레들
꽃들의 노래는 색동옷이다

나는 눈 감고
숲에 푹 빠져 살고 싶다

잡스러운 세상
시끄러운 소리가 싫어서

시를 거두고 다듬기를 즐긴다
귀도 눈도 마음도 감는다

남은 자

지진 홍수 벼락 전쟁
누구의 무기인가?

풍요는 타락을
타락은 응징을
응징은 멸망을

멸망에서 남은 자들
그루터기에 싹이 나고
다시 은총 속에서

풍요로 타락으로
응징으로 멸망으로

남은 자들
그루터기로 싹이 난다

핵무기 장난감 시대

1
잉태한 아이를
낳지 말라 할 수는 없다

열 달이면 낳을 수 있는 핵무기
효자로 길러야지

후손들 마음 졸이며 살지 않고
가슴 펴고 살도록

2
북한 풍계리에서
2006년 1차 핵무기 실험
2016년 5차 핵무기 실험
6차 실험 준비완료를 알고

그냥 있을 수는 없다
핵무기 장난감 시대 돌입했으니

조는 팽이

얼음판이 좋고 태생 좋은 팽이는
잠을 자듯
묵음의 평화를 외친다

세상이 덜컹거리는 소리는
바탕도 태생도 울퉁불퉁하다는
굉음이다

물렀거라!

1
사람 죽이기를 놀이 삼아 하는가
사람 생명을 함부로 좌우하는 짓
무서운 죄인 줄 모르는가

인간 탈 쓴 괴물
물렀거라!

공유재산을 빼내는 벼슬자리들
무서운 죄인 줄 모르는가

흉한 짐승
물렀거라!

2
이리 오너라!
청렴 공직자들

이리 오너라!
비핵 한반도

이리 오너라!
통일 한반도

생성시론(生成 詩論)

1. 생성적 발상

생성은 작은 씨알에서 거대한 결과를 만들어
내는 창조적 기본정신을 바탕으로 한다. 시는 생
성적이라야 한다. 우선 시는 간결해야 하며 함축
되어야 한다.

시어는 묘사라야 하며 설명은 금물이다. 군더
더기가 있어서는 안 된다. 시를 읽고 감동을 맛
보는 것은 시를 지은이가 시 속에 감동을 심었기
때문이며 함축해 놓았기 때문이다.

시를 읽고 공감하는 이가 있고 그렇지 않은 이
가 있을 수 있다. 지은 이와 읽는 이의 언어능력
이 다르면 소통이 되지 않는다. 촘스키는 화자와
청자의 언어능력에 보편문법(UG: Universal
Grammar)이 존재하기 때문에 의미 소통이 된
다고 하였다.

2. 간결성(簡潔性)

간결성을 잘 갖춘 기독교 주기도문(예수님의 기도)은 좋은 시다. 시편은 물론이고 성경이 모두 시로 되어 있다. 신구약성경은 간결성을 갖추고 있기 때문이다. 좋은 설교 또한 시라 할 수 있다. 간결성을 갖추어야 좋은 설교가 되기 때문이다.

간결한 시를 지으려면 같은 시어가 반복되는 것을 피해야 한다. 김소월의 시에서처럼 리듬을 맞추기 위하여 반복되는 단어를 사용할 수는 있지만 일반적으로 현대시에서 반복은 금물이다.

아래 시 〈땔감〉을 감상해 보자. 세 줄로 된 시이지만 담긴 내용은

"갈비를 때면 연기가 나지 않고 잘 타기 때문에 불 담이 좋다."

"가시나무를 때면 손바닥이 찔려서 들여다보기 때문에 손금을 보게 된다."

"청솔가지를 때면 매운 연기가 많이 나오기 때문에 누워서 때게 된다."는 내용이 담겨 있다.

이 시는 함축되었고 간결하다.

x는 y다

x: 갈비,   가시나무,   청솔가지
─────────────────────────────────
y: 불 담 좋,   손금 본,   누워 땐

〈땔감〉 전문

그리고 이 시에서는 설명이 없다. "불 담 좋다."라고만 묘사했지 "갈비를 때면 연기가 나지 않기 때문에"라는 설명은 하지 않았다. "가시나무를 때면 손바닥이 찔려서 들여다보기 때문에"라는 설명이 없고 단지 "가시나무는 손금 본다."라고 묘사했다.

"연기가 많이 나오기 때문에"라는 설명은 없고 단지 "청솔가지는 누워 땐다."는 묘사만 있다. 앞에 열거한 설명을 시에 포함시켰다면 좋은 시가 되겠는가? 군더더기 시가 될 뿐이다.

3. 보편성(普遍性)

보편성을 찾는 것이 생성시론의 중요한 특징 중 하나이다. 남녀, 흑백, 노소, 빈부 등 차별이 주는 상처가 너무 심각하다.

생성시론에서는 이 차별을 버리고 보편성을 찾아내는 시를 쓴다. 아래 시에서 흑인과 백인이

다른 것보다 같은 것이 얼마나 많은지를 느끼게
한다.

첫 세 줄에 담긴 내용에는 같은 것이 '손' '발'
'눈' '젖꼭지' '코' '입' '턱' '머리' 아홉 가지다. 4행
에 담겨 있는 내용 즉 다른 것은 '피부색' 한 가지
이다.

흑인과 백인은 다같이/손 발 눈 귀 젖꼭지가 둘씩
있고/코 입 턱 머리가 하나씩 있습니다/다른 것은 피
부색입니다//

〈보편성〉 부분

이러한 것을 깊이 음미하면서도 흑인과 백인이
다르다고 차별하고 싸울 것인가?

4. 말과 글

말이 언어의 기본이고, 글은 언어의 보조수단
이다. 말은 어느 언어에나 있지만 글 없는 언어
가 있다. 글이 없는 언어는 보조수단이 결여된
언어이다.

세종대왕께서 한글을 창제하시기 전에는 우리
도 글이 없는 언어생활을 하다가 억지로 한자를

차용해서 학자들이 한시(漢詩)를 썼을 뿐이다. 보통사람들은 엄두도 못내는 일이었다. 한글을 사용하게 되면서 비로소 평민들도 우리의 언어로 우리의 글자로 시를 짓기에 이르렀다.

한글은 우리글이지만 유식한 사람들이 한자를 고집하고 사용하기 싫어했기 때문에 널리 퍼지지 않았었다. 겨우 20세기 초에 그것도 나라가 망하고 나서 기독교 선교사들이 한글로 번역한 성경을 가지고 들어와 전도하기에 이르렀다.

서민 대중은 한자를 모르고 말은 우리말을 사용하였기에 한글 성경으로의 전도야 말로 크게 결실을 얻게 되었고 한글 사용 인구가 폭발적으로 늘어나게 되었다.

이로 인하여 세계가 놀랄 만큼 한국 교회는 성장했다. 교육이 번창했고 나라가 번성하게 되었다. 우리가 지금처럼 잘사는 것은 선교사를 보내주신 하나님의 크신 은혜와 세종대왕의 위대하신 한글 창제의 결실이라 하겠다.

5. 음악성(音樂性)

시는 낭송하면서 음악적으로 흥겨움을 느끼는

장점이 있다. 시행마다 낭송할 때 음절의 수가 적당해야 흥겹다. 그리고 울려 퍼지는 어울림이 좋아야 흥겨움을 더해 준다. 이처럼 울려 퍼지고 어울리는 것을 운(韻)이라고 한다. 시에서는 말운(末韻)과 두운(頭韻)이 많이 사용된다.

5.1. 두운(頭韻)

두운은 시에 사용되는 낱말에서 동일한 첫 자음이 반복되는 것을 말한다. 아래 시를 보자.

상큼한/숲속/산책길//수풀 위/새까만 /새죽지/서너
도막//살기(殺氣)로/살점 얻는/삶//사이사이/숨어 있는/
살벌함//

〈생과 사〉 전문

'상큼한' '숲속' '산책길' '수풀' '새까만' '새죽지' '서너' '살기' '살점' '삶' '사이사이' '숨어' '살벌'에서 보듯이 음절 맨 앞 자음 ㅅ이 반복된다. 동일한 첫 자음이 반복되므로 읽는 이가 흥겨움을 느낀다. 시의 음악성을 실현한 것이다.

5. 2. 말운(末韻)

다음 영시에서 1행 끝 〈I〉 2행 끝 〈by〉 3행 끝 〈die〉 세 음절에서 두운 즉 첫 자음을 빼면 말운 요소가 된다. 세 말운이 모두 같은 소리가 난다. 글자는 모두 다르지만 소리가 같기 때문에 세 행은 말운을 이루는 것이다. 글자가 언어의 기본 아니라 보조수단이라는 것이 입증되는 셈이다.

Thus I/Pass by   /And die, //As one /Unknown   /And gone.

우리말에서 살펴보면, 아래 즉흥적으로 필자가 만든 글이지만 위에서 설명한 것처럼 말운을 우리말에서도 이야기할 수 있다. 1연에서 1행 끝 '매' 2행 끝 '애' 3행 끝 '해' 세 음절에서 첫 자음 즉 두운 부분을 제하면 모두 'ㅐ'라는 요소가 남는다. 즉 세 행이 말운을 형성하는 것이다.

2연을 살펴보자. 4행 끝 '데' 5행 끝 '네' 6행 끝 '세' 세 음절에서 두운 부분을 제하면 'ㅔ'라는 요소가 남는다. 세 행이 말운을 형성한다.

전쟁 때 헤어진 남매/어미의 타는 애/어디든 살아 있어야 해//날은 저무는데/잘 곳은 없네/다리 밑에 눕세/

우리말 시에서는 말운이 별로 중요하지 않다. 문장구조상 문장 말미에 쓰이는 음절이 '다' '냐' '까' '나' 등 손가락으로 셀 정도밖에 없어서 너무 단조롭기 때문에 다양성이 부족하다. 말운을 맞추기가 어렵지도 않고 또 엄격히 말하면 음절(두운과 말운을 합친 것) 전체가 같기 때문에 영어식 말운은 성립하기 어렵다.

6. 추상성(抽象性)

생성적 사고의 바탕에 깔려 있는 것 두 가지를 소개하면 최대사고(最大思考)와 최소사고(最小思考)라 할 수 있다. 즉 사고의 범위를 확대하는 일과 미세한 요소들까지 파고드는 일이다.

아주 크게 생각할 줄도 알아야 하고 아주 작게 생각할 줄도 알아야 한다. 추상성은 이 두 가지를 활용한다.

'추상'은 수많은 '구체'를 포함한다. '철수'는 '남자'의 일부분이고 '남자'는 '사람'의 일부분이고 '사람'은 '동물'의 일부분이고 '동물'은 '생물'의 일부분이고 '생물'은 '피조물'의 일부분이다.

여기서 '피조물'은 '생물'보다 더 추상적 개념이고, '생물'은 '동물'보다 더 추상적 개념이고, '동물'은 '사람'보다 더 추상적 개념이고, '사람'은 '남자'보다 더 추상적 개념이고, '남자'는 '철수'보다 더 추상적 개념이다. 즉 추상적 개념은 여러 구체적 사물을 포함한다. 시에서는 추상을 표현하면서 많은 구체를 상상하게 하고 때로는 구체적 사물을 제시하면서 추상성을 암시한다. 아래 시를 보자.

신의 탱크에는/무게 없는 전능이 가득합니다//오만 년 전에/한 방울 받아 지구 한 모퉁이에 와서/다 써먹고 간 피조물도//지금/한 방울 가져온 지혜를/휘두르며 지내는 피조물도/사천 년 후에/그 한 방울을 가지고 와서/이웃과 겨루어 볼 피조물도//다/돌아가면/신의 탱크 속으로/다시 모입니다/

〈전능 한 방울〉 전문

위의 시에서 추상적인 낱말 '전능'이라 함은 '천지를 창조하시고 다스리시는 하나님의 전능하심'의 능력을 포함한다. 이 시는 "피조물인 사람들이

세상에 올 때 그 전능성 한 방울을 받아 가지고
와서 활동한다."는 내용이다. 또한 '피조물'에는
'수십억의 사람들'이 포함된다.

7. 중의성(重義性)

시어가 중의적이면 독자가 묘미를 느끼며 흥미
롭게 읽는다. 다음 시를 보자. 제목에는 빚이라는
부채(負債)를 사용 했지만 내용에서는 더위를 쫓아
내는 부채를 말하고 있다. 아내에게 사랑의 빚을
진 사람이 바람을 일으키는 부채에 빗대어 중의
적 어휘를 사용하였다. 독자들은 이 중의성 때문
에 묘미를 느낄 것이다. 아내의 사랑이 남편의
사랑보다 월등하다는 내용이기 때문에 남편으로
서는 아내에게 부채를 진 셈이다. 그러므로 제목
이 말하는 부채(負債)도 어울린다.

내 부채/한쪽은 사랑/한쪽은 미움//사랑 쪽 보며
부쳤는데/아내 얼굴 어둡다//아내 부채엔/양쪽 다 사
랑 뿐/

〈사랑의 부채(負債)〉 전문

8. 비유(比喩)

비유는 두 사물의 공통되는 성질이나 모양을 비교하는 표현방법을 말한다. 비유에는 은유와 직유 두 가지가 있다.

은유는 두 사물을 에둘러 비유하는 수법이다. 다음 시를 보자. 하늘을 화폭이라고 했다. 논리적으로는 하늘이 화폭일 수 없다. 그러나 시의 세계에서는 작가 임의로 그 세계를 꾸며낸다. 그 세계에서는 나무가 말을 하고 돌이 춤을 춘다.

하늘은 거대한 화폭/푸른 바탕에 검정을 덧칠하고/ 달 그리고 나서 /별을 밤새도록 그린다//

〈하늘 그림〉 부분

직유는 두 사물을 직접적으로 비유하는 수법을 말한다. 동요 '달 달 무슨 달 쟁반 같은 둥근달'에서 '달'을 '쟁반'이라 에둘러 말하지 않고 '쟁반 같은' 즉 '쟁반을 닮은'이라고 말한다.

9. 의인화(擬人化)

시에서 사물을 사람인 것처럼 표현하는 것을 의인화라 한다. 다음 시를 보자. 해는 사람이 아니지만 여기서는 사람으로 의인화하여 빙그레 웃는다.

　사람들 잘 난 이야기 듣고는/해가 빙그레 웃나 보다// 〈빙그레〉 부분

10. 시각 바꾸기

　상식은 보통 사람들이 알고 통용하는 언어이다. 시인은 상식만으로 시를 쓸 수 없다. 상식을 깨면서 시각을 바꾸어 감동을 주는 시각을 개발해야 한다. 아래 시를 보자. 단 두 글자 '응애!'로 된 시다. 상식적으로는 아이가 세상에 태어난다고 생각한다. 그러나 〈우주와 엄마의 탄생〉에서는 아이의 입장에서 보는 시각이다. 아기는 우주를 처음 만나기 때문에 엄마를 처음으로 만나기 때문에 아기에게 탄생하는 것은 '우주'요 '엄마'이다.

　응애!

〈우주와 엄마의 탄생〉 전문

　다음 시를 보자. 사람들이 하찮게 여기는 허수

아비를 찬양한 시다. 작은 미물 가치 없다고 버려진 사물을 찾아내어 그 장점을 캐내고 높이는 일은 시인이 해야 할 일이다.

　농사 거둔 들판에 허허로이 선 그대/걸레 된 옷자락 흩날린다//하늘에서 부르는 그대 이름/가진 것 하나 없는 그대 이름//

〈그대 이름〉 전문

　비운다 했지만 얼마 후에 보면 그대로 욕심이 가득한 사람들이 얼마나 많은가? 허수아비는 다 비우고 추수하고 나면 그 많은 수고를 보상받지 못한 채 겨울 눈보라 치는 들판을 홀로 지키고 서 있다. 허수아비가 걸레 된 옷자락 날리며 서 있는 모습은 욕심쟁이 사람들에게 큰 교훈을 준다. 시인이 찾아 준 보상은 그 큰 이름이다. 하늘에서 부르는 그대 이름이다.
　아래 시를 보자. 무말랭이야 말로 특히 젊은이들은 아무도 관심 두는 사람이 없을 정도로 하찮은 반찬이다. 시인은 여기에 관심을 두었다. 맛과 멋의 대비를 음미해 보라. 인생과 무말랭이의 대비를 음미해 보라.

갖은 양념을 넣어야/무말랭이는 제 맛이 납니다//
찬란한 꿈이 있어야/내 인생은 제 멋이 납니다

—〈무말랭이 인생〉 전문

11. 시를 거둘 뿐

시는 오고 시인은 시를 거둘 뿐이다. 시를 쓴
다 하고 짓는다 하지만 시는 세상에 널려 있다.
시인은 영글어 있는 시를 거두어 시인의 언어로
표현할 뿐이다. 다음 시에서 보듯이 시는 하늘에
서 오고 산에서 오고 바다에서 온다. 단지 시가
오는 소리를 듣는 귀가 열려 있는 사람과 그렇지
않는 사람이 있을 뿐이다. 천둥으로 오는 소리를
번개가 번쩍하는 찰나(刹那)에 듣는 귀를 가진 사
람이 시인이라 할 수 있다.

시는/하늘에서 오고/산에서 오고/바다에서 온다//
하늘이 검게 덮인 날/천둥소리로 오고/벼락같이 온다/
시는//

〈시가 오는 소리〉 전문

아래 시를 보자. "첫눈을 맞으며/ 창조주 기르
신 시를 거두러 나선다"에서 보듯이 창조주가 세

상을 창조하셨고 늘 창조하시고 있는 것이다. 물론 시를 심으시고 열매 맺게 하시고 춘하추동 아름다운 세상을 생성하셨다.

　첫눈을 맞으며/창조주 기르신 시를 거두러 나선다//팬서 호수 위 백조 한 쌍이/주고받는 노래들//둥실 떠도는 잎사귀들과 /물결들의 춤사위//깊은 물속을 쳐다보는/벌거숭이 나무 하나/가장 슬픈 붉은 얼굴로/부러진 외팔 늘어뜨리고……//

　　　　　　　　　　　　〈순백 시 거두기〉 전반부

　'호수, 백조, 잎사귀, 물결, 장애 입은 나무'등, 세상에는 추수할 시가 한없이 많다. 시인은 이 많은 시들을 거두어 들여 나름의 시어로 다듬어 낼뿐이다.

그대 이름

2016년 11월 05일 1판 1쇄 인쇄
2016년 11월 11일 1판 1쇄 발행

지 은 이 전 형 진
펴 낸 이 심 혁 창
디 자 인 홍 영 민
마 케 팅 정 기 영

펴낸곳 **도서출판 한글**
서울특별시 서대문구 신촌로 27길 4호
☎ 02) 363-0301 / FAX 02) 362-8635
E-mail : simsazang@hanmail.net
등록 1980. 2. 20 제312-1980-000009

GOD BLESS YOU

정가 **10,000원**

*

ISBN 97889-7073-522-1-03030